AF233570

MONUMENTI INEDITI

DE

WINCKELMANN,

OU

Choix de Monumens antiques, les plus précieux & les moins connus, gravés & imprimés au biftre fanguin Anglais :

Avec leurs explications traduites de l'Italien du même Auteur;

Par M. *GRAINVILLE*, des *Académies de Rouen, de Caën; de celle des Arcades de Rome, & Correfpondant du Mufée de Bordeaux.*

TOME PREMIER.

Format grand *in-4°.* imprimé fur papier vélin fin.

Chez SIMON, *Graveur, rue du Plâtre Saint Jacques,* N°. 7.

EXPLICATION DES PLANCHES.

I.

LA premiere eft copiée d'un bas relief de terre cuite qui fe trouve dans la Villa-Albani ;
elle repréſente le navire Argo, conſtruit par les Argonautes, avec le bois de la forêt du mont
Pélion, probablement indiqué par l'arbre qu'on y apperçoit. Ce vaiſſeau fut, dit-on, l'ouvrage
de Glaucus (1) : ou, ſuivant l'opinion la plus accréditée, d'Argo, fils d'Aleƈtor ou de Danaüs
(2). Quoi qu'il en ſoit, Pallas avoit ſecondé l'un ou l'autre dans ſon entrepriſe ; peut-être
même adoptera-t-on le ſentiment de ceux qui croient que la Déeſſe elle-même (3) conſtruiſit
ce navire ; qu'elle y employa un des chênes oraculaires de Dodone (4), ou ſeulement qu'elle
y attacha l'antenne avec la voile (5), comme ce trait de la Fable paroît repréſenté ſur notre
monument. Celui qui tient la voile élevée & qui ſemble aider la Déeſſe dans ſon travail, eſt
peut être Tiphis, le pilote du navire ; l'autre figure qui tient en main un fer & un marteau,
repréſente Argo lui-même. La partie du navire à laquelle il travaille, paroît être la pouppe,
par la raiſon qu'on n'appercevoit que le derriere avec le mât & la voile de ce vaiſſeau, placé
par Pallas au nombre des conſtellations. L'arc ou plutôt l'entrée d'un édifice, pourroit indiquer
le temple d'Apollon ſur le promontoire de Pagaſe en Magnéſie, au pied du mont Pélion (6)
où fut conſtruit le navire Argo (7).

I I.

LA ſeconde eſt un bas relief de la même Villa ; on y voit gravée ſur un tronc, une petite
ſtatue d'Apollon. Des trois figures de femmes, la premiere eſt une Muſe couronnée du diadême ; je l'ai citée dans le traité préliminaire ; elle pince de la lyre nommée βάρϲυτος ; la ſeconde eſt Diane, avec un arc & un carquois ſur les épaules & une torche allumée dans la
main gauche ; le ſceptre que porte la troiſieme, ſemble déſigner Veſta, comme je le démon-
trerai au n°. 5. des monumens ſuivans.

I I I.

LA troiſieme qui repréſente un bas relief tronqué, ſe trouve dans la Villa déja citée. Il eſt
très-probable qu'elle ſervoit d'ornement à un temple ou à un édifice quelconque. On y voit
ſymboliquement figuré un Rit ſacré, comme le prouve l'encenſoir que l'enfant aîlé tient dans
ſa main gauche, & la patere que préſente la main qui reſte d'une autre figure ; on n'ignore
pas en effet que la patere & l'encenſoir étoient des inſtrumens deſtinés aux cérémonies réli-
gieuſes. Chaque maiſon en étoit pourvue ; & Cicéron rapporte qu'avant les ravages de Verrès,

---

(1) Athen. Deipn. l. 7. p. 296. D.

(2) Hygin. fab. 14.

(3) Orph. Argon. v. 66.

(4) Apollon. Argon. l. 1. v. 526.

(5) Val. Flac. Argon. l. 1. v. 526.

(6) Hygin. Aſtron. c. 37. Jo. Diac. Schol. in Heſiod.
Scut. Herc. p. 194. 6.

(7) Schol. Apollon. Argon. l. 1. v. 238.

A ij

[4]

prefque toutes les maifons en Sicile étoient munies de ces fortes d'inftrumens travaillés en argent
(1). Outre la patere & l'encenfoir, on avoit ordinairement dans les temples & dans les cha-
pelles pour les cérémonies, une efpece de candelabre pareil à celui de notre marbre ; on en
voyoit autrefois deux femblables dans le palais Barberin ; il en exifte encore actuellement cinq
dans l'Eglife de fainte Agnès hors des murs ; enfin la Villa-Albani en poffede un autre. Prefque tous ces candelabres foutenoient une lampe allumée, & d'autres fervoient d'autels pour
faire des libations ou pour brûler l'encens, comme on le verra au n°. 186. des monumens
fuivans. Le candelabre de notre marbre, à en juger par la patere & l'encenfoir, étoit em-
ployé à cet ufage. On avoit coutume d'entretenir des lampes allumées devant les fimulacres des
divinités, & Paufanias nous apprend que ceux qui venoient confulter l'Oracle de Mercure à
Patras, ville d'Achaïe, mettoient d'abord de l'encens fur un autel, & verfoient enfuite de l'huile
dans les lampes du candelabre, parce que cet Oracle rendoit fes réponfes de nuit (2). Une
efpece de couronne dans l'autre main de l'enfant, indique celles dont on ceignoit les autels,
& dont on voit auffi les candelabres ornés fur plufieurs monumens.

I V.

La quatrieme repréfente une mofaïque de la Villa-Albani.

V.

J'expoferai dans la Préface mon opinion fur un grouppe de deux figures de grandeur natu-
relle, qui fe trouve à S. Ildephonfe, en Efpagne.

V I.

L A fixieme gravure eft faite d'après un bas relief du palais Farnèfe, ce fujet n'a pas befoin
d'éclairciffement, & je ne l'ai choifi, que parce qu'il eft un des plus remarquables qui nous
foient parvenus.

V I I.

La feptieme, d'après un bas relief de la Villa du Belvedere à Frafcati, repréfente Achille à
Scyros dans fa premiere jeuneffe, & déguifé en femme parmi les filles de Licomede, Roi de
cette île. C'eft-là que Thétis, pour le fouftraire à l'expédition contre Troye, le tranfporta après
l'avoir enlevé à Chiron qui s'étoit chargé de fon éducation : elle avoit appris par la réponfe
de l'Oracle rendue à la tête de l'armée des Grecs, que d'Achille dépendroit le fuccès de cette
guerre. On fait que le féjour du héros ayant été découvert, Ulyffe & Diomede fe difpofe-
rent à l'en arracher ; mais comme la beauté de fes traits annonçoit également les deux fexes,
& qu'il étoit impoffible de le reconnoître parmi les femmes de cette Cour, Ulyffe toujours
rufé employa un fûr moyen pour le forcer à fe trahir ; il étala aux yeux d'Achille & de fes

---

(1) Ciceron. Verrin 4. c. 21.   (2) Paufan. l. 7. p. 597.

[5]

compagnes , diverfes armes mêlées à d'autres préfens qui convenoient à des femmes , & fon projet lui réuffit ; car Achille vit à peine un bouclier, un cafque , une lance , que , rougiffant de fa foibleffe , il déchira fa robe , faifit le bouclier & ne refpira plus que les combats.

Déïdamie , fille aînée de Licomede , n'ignoroit cependant pas le fexe d'Achille ; déja elle portoit dans fon fein le fruit de leur amour clandeftin , c'étoit Pyrrhus à qui dans la fuite elle donna le jour ; plus intéreffée que fes fœurs à conferver fon amant , elle ne put cacher fa frayeur , & c'eft elle qu'on voit fur notre marbre agenouillée , embraffant les genoux de fon cher Achille.

La barette fait reconnoître Ulyffe ; on y diftingue auffi le jeune Diomede fon compagnon , qui pour enflammer plus ardemment le courage d'Achille , tire le glaive & femble fe difpofer au combat.

La ceinture qu'Achille écarte , défigne l'ornement propre au coftume qu'il portoit parmi ces femmes ; elles font dans notre marbre au nombre de fix , dont l'une tient une lyre. Sur une autre bas relief de la Villa-Pamphili , repréfentant le même fujet traité d'une maniere différente , on voit fculptées jufqu'à neuf femmes ; mais les Mythographes n'ont pas déterminé le nombre des filles de ce Roi. L'on peut confronter au refte notre marbre avec le commencement de l'Achilleïde de Stace , & avec un tableau dont le fujet eft le même , & décrit par Philoftrate le jeune. On appréciera alors cette gravure , qui feroit bien plus précieufe encore, fi en la réparant , elle n'eut pas été altérée en quelques parties par des artiftes ignorants.

V I I I.

Le huitieme fujet repréfente un bas relief expliqué dans le quatrieme chapitre de ce traité auquel je renvoie le lecteur.

I X.

La pierre gravée avec le nom du graveur Teucer , eft également expliquée dans le traité.

PRÉFACE.

JE me crois obligé de rendre compte à mes Lecteurs : 1°. Des motifs qui m'ont déterminé à entreprendre cet ouvrage : 2°. Des monumens que j'y ai inférés : 3°. Enfin de la méthode que j'ai obfervée dans l'examen de ces mêmes monumens.

Deux motifs m'ont décidé : 1°. L'infuffifance des recherches qui jufqu'ici ont été faites, même par des Savants, fur la fculpture des Anciens : elles ne comprennent à-peu-près que ces monumens qu'il étoit facile d'expliquer : fi quelques-uns font obfcurs, on a négligé de les éclaircir & de pénétrer l'érudition cachée fous leur emblême ; la beauté du travail & l'élégance du deffin ont feules fixé l'attention.

Parmi ces Auteurs, on peut compter le Boiffard & Bellori qui, plus que les autres, ont publié des deffins des anciens bas reliefs ; Montfaucon encore, pour avoir voulu trop embraffer, femble n'avoir rien faifi ; tout ce qui tomboit fous fes mains étoit récueilli ; il a entaffé fans goût & fans choix le beau, le médiocre, le facile, le difficile ; de maniere que dans fes deffins, le bon fe trouve confondu avec le foible pour ne pas dire davantage, & le difficile auffi légérement difcuté que le facile.

Le fecond motif qui m'a déterminé à cette entreprife eft plus puiffant encore ; en effet, l'étude des anciens monumens fournit les moyens d'éclaircir & de corriger un grand nombre de paffages des anciens Auteurs, bien plus facilement que la lecture des livres manufcrits ; ainfi, même en écartant les regles & les principes de l'art, le deffin a de grands avantages, puifqu'en s'appliquant à connoître les fujets qu'il traite, on peut parvenir à entendre les Ecrivains des temps les plus reculés.

Après les travaux immenfes de tant de Critiques habiles dans ce genre, après avoir comparé les Auteurs entre eux, après avoir revu tant de manufcrits qui nous reftent, c'eft en effet le feul fecours que nous puiffions employer pour entendre différens paffages, & faire de nouvelles découvertes fur les mœurs & les coutumes des Anciens. Il faut obferver d'ailleurs qu'il exifte dans nos bibliothéques publiques très-peu de vieux manufcrits, où les propres expreffions des Auteurs nous ayent été fidélement confervées, & que le très-petit nombre a été tant de fois corrigé & retouché par les Savants, qu'il reffemble à préfent, fi j'ofe le dire, à des limons preffés & fans fuc.

Quant aux monumens que je publie, & qui confiſtent en ſtatues, en bas reliefs de marbre & de terre cuite, en gravures & en peintures antiques, je peux les préſenter comme nouveaux, puiſque la plus grande partie n'eſt pas connue : en effet, ſi dans le nombre quelques-uns ont déja paru, l'on peut aſſurer cependant que leurs Editeurs ne les ont pas compris, puiſqu'ils n'ont pas cru même devoir propoſer leur opinion. Telles ſont les noces de Thétis & de Pélée, n°. 110. la fable de Protéſilas & de Laodamie, n°. 123. & la mort d'Agamemnon, no. 148.

Ces monumens ſont précieux, d'abord à cauſe des Sujets, en ſecond lieu par la beauté de leur deſſin. Quant aux Sujets, on peut dire qu'ils renferment preſque toute la Mythologie des Dieux, l'hiſtoire héroïque & fabuleuſe, & en particulier les principaux événemens de l'Iliade & de l'Odyſſée ; ou plutôt ce qui arriva aux héros Grecs pendant la guerre de Troye, & depuis qu'elle fut terminée, juſqu'au retour d'Ulyſſe à Itaque ; tous ces Sujets occupent la premiere & la ſeconde partie de cet ouvrage. La troiſieme qui, ſuivant par ordre, appartient à l'Hiſtoire Grecque & Romaine, offre moins de monumens, parce qu'il en exiſte très-peu. Enfin la quatrieme partie où je traite des cérémonies, des coutumes & des arts des Anciens, fournit une quantité prodigieuſe de remarques, qui juſqu'ici nous manquoient ſur cette matiere, & qu'on ne connoiſſoit point par ce qu'en diſent les anciens Auteurs. Enſuite dans le choix j'ai plus conſidéré l'importance des Sujets, que la beauté du deſſin ; ſi j'avois en effet voulu m'étendre & recueillir ces monumens qui n'ont pas encore été publiés, & dont tout le mérite conſiſte dans le deſſin & l'élégance du travail, j'aurois pu doubler les volumes de cet ouvrage.

Pour l'art du deſſin, j'ai raſſemblé dans mes recherches beaucoup d'eſſais des ouvrages faits en tout temps, par les peuples qui ſe ſont diſtingués dans cette partie ; on y trouvera les ouvrages des Grecs, juſqu'à la décadence de l'art chez ces peuples ; le dernier eſt le monument ſépulcral du gladiateur Bato, travaillé du temps de Caracalla & rapporté au n°. 199. Ainſi une collection auſſi abondante, & les notions que j'ai tirées de beaucoup d'autres monumens, m'ont mis à portée de hazarder, dans le traité ſuivant, quelques opinions ſur l'art des Egyptiens, des Etruſques & des Grecs ; c'eſt peut-être un moyen de ſe procurer des connoiſſances ſyſtématiques, ſur l'art de ces anciens peuples.

Le point principal cependant dont je crois devoir rendre compte au Lecteur, eſt la méthode que j'ai employée dans l'explication des monumens dont je parle ; je me fuis à cet effet prefcrit deux maximes. La premiere, c'eft de ne pas fuppofer que les Anciens fe font occupés à exprimer des fujets oifeux, mais au contraire des traits tirés de la Mythologie & de la Fable ; la feconde, d'appliquer en conféquence la Fable & la Mythologie à ces fujets, & de tâcher de découvrir à laquelle des deux ont rapport ceux que je préfente.

La premiere maxime, de ne pas fuppofer que les fujets repréfentés dans les ouvrages anciens font oifeux, c'eft-à-dire, fans objet déterminé & connu, je ne dis pas de nos jours, mais chez les Anciens, n'eft à la vérité, qu'une hypothèfe de ma part ; on peut la regarder comme un acheminement à la feconde maxime beaucoup plus certaine ; quoique je ne prétende pas foutenir que les anciens Artiftes ayent toujours eu les mêmes vues que je leur prête, puifque beaucoup de leurs ouvrages nous prouvent le contraire, & ne nous offrent que des traits fantaftiques & qui n'ont aucun rapport à l'hiftoire ; mais dans les morceaux où l'on ne trouve point ces traces de pure invention, j'ai éprouvé qu'il étoit néceffaire, pour ne pas dire davantage, de s'en tenir à la premiere maxime, jufqu'à ce que le contraire paroiffe clairement démontré ; parce que rarement, dans les Sujets intéreffants, nous fommes induits en erreur par la regle que je propofe ; on peut le dire avec confiance des monumens où l'Artifte ne laiffe point appercevoir des marques trop certaines de fantaifie, en repréfentant des idées bizarres : il eft alors plus probable qu'il a fait choix d'un fujet déja connu & traité avant lui, & qu'il n'a point inventé des chofes fymboliques & fans aucun rapport avec des objets déterminés.

Pour expliquer ma propofition, on peut choifir par exemple dans les monumens qui nous reftent en grand nombre, une figure de femme répétée fur plufieurs pierres (1) : elle fe difpofe à vuider un vafe au pied d'un tronc ; nous pourrions fuppofer qu'elle repréfente une de ces femmes, qui verfoient de l'eau ou quelquefois du miel (2) fur le tombeau de leurs parents ; de même on pourroit prendre pour un tombeau ce qui n'eft qu'indiqué fur le tronc ; ces femmes fe nommoient Εγχύτριαι (3), Εγχυτριςριαι (4), de χύπρα, *vafo pentola*, & l'eau qu'on verfoit fur le tombeau, s'appelloit Απόνιμμα (5) Χοα (6) & Χύτλας (7) ; de jeunes garçons rendoient ordinairement cet honneur à d'autres jeunes garçons de leur âge, &

---

(1) Defcript. des pier. gr. du cab. de Stofch. p. 310.

(2) Euripid. Iphig. Taur. v. 634

(3) Schol. Ariftoph. Vefp. v. 288.

(4) Suid. γ. Εγχυτρις.

(5) Athen. Deipn. l. 9. p. 409.

(6) Id. l. 12. p. 522. f.

(7) Apollon. Argon. l. 1. v. 1075. l. 2. v. 928.

pareil ufage s'obfervoit parmi les jeunes filles. Voilà pourquoi l'on voyoit fym-
boliquement au tombeau d'une vierge, la figure d'une autre vierge gravée avec
un vafe à la main (1). Ce fut autrefois mon fentiment, en cherchant à éclaircir
ce que fignifioit une pareille figure repréfentée fur une pierre du Mufée Strozzi
(2). Elle pourroit paffer pour la jeune fille que je fuppofe, à caufe du vafe qu'on
lui donne fur quelques tombeaux ; je ne veux cependant pas foutenir cette
opinion à la faveur de la maxime que j'ai pofée ; fur-tout lorfque je me rappelle
combien ces fujets peuvent recevoir d'interprétations différentes, & combien
ils peuvent fuggérer d'idées aux Artiftes, pour embellir & enrichir les traits que
fourniffent la Fable & l'Hiftoire des héros. En y réfléchiffant, je croirois vo-
lontiers que par les figures de femmes repréfentées au pied d'un tronc fépulcral,
& occupées à vuider un vafe, on a voulu indiquer Electre, fille d'Agamemnon,
qui s'acquitte des devoirs funéraires fur le tombeau de fon pere, telle enfin
que nous la dépeignent Efchile & Sophocle (3).

Qu'on admette cette premiere maxime de la méthode que j'ai obfervée, de
ne point fuppofer que les Anciens ont figuré fur leurs monumens des fujets fantaftiques ; alors on demeurera plus convaincu de mon autre maxime, c'eft-à-dire,
que dans ces mêmes monumens on a repréfenté quelque fujet tiré de la Fable
ou de l'Hiftoire des héros. Il eft à propos de démontrer : 1°. L'évidence de cette
maxime : 2°. Son utilité : 3°. De réfuter les objections qu'on pourroit propofer.

Son évidence frappera, fi l'on confidere que Simonides appelle la peinture
une poéfie muette (4), & que, felon Platon, la Fable (5) eft fon effence ; ainfi
l'Artifte, pour agir en Poëte & donner plus de carriere à fon enthoufiafme, devoit, comme ce dernier, choifir de préférence les fujets fabuleux. En fecond
lieu, tous les doutes doivent s'évanouir en lifant dans les anciens Auteurs les
defcriptions des fculptures & des peintures qui ornoient les temples, les édifices
publics & particuliers ; qu'on examine enfin avec attention les ouvrages qui
nous font reftés, je parle des monumens intéreffants, dont tous les fujets font
empruntés de la Fable ou d'Homère. Horace nous en donne une des raifons
dans ces vers :

$$. \quad . \quad . \quad . \quad . \quad . \quad . \quad . \quad . \quad \text{Tuque}$$
Rect·ùs Iliacum carmen deducis in actus,
Quàm fi proferres ignota indictaque primus.
Art Poét. v. 128.

---

(1) Athen. Deipn. l. 13. p. 589. B.
(2) Defcript. des pierr. gr. du cab. de Stofch. L. C.
(3) Æfchil, Choeph. v. 85. 127. Sophoc, antig. v. 435.

(4) Plutarch. p. 100. l. 16. p. 617. L 30.
(5) Plat, Phædon. p. 13. l. 41.

en parlant des fujets que doit choifir le Poëte , celui fur-tout qui veut compofer des Tragédies. Il lui recommande de mettre plutôt l'Iliade à contribution, que de tirer de fon propre fond : or, je préfume que les Artiftes grecs profeffoient la même maxime, & qu'Horace l'avoit puifée chez eux; ainfi pénétrés de cette vérité, *rectiùs deducis in actus*, les Poëtes & les Artiftes s'attachoient aux fujets tirés de la Fable & des poéfies d'Homère : & difons-le hardiment, non-feulement les Grecs, mais encore les Romains, après qu'ils eurent puifé chez les premiers le goût des beaux arts, apprenoient à leurs enfants à lire Homère, avant même de leur permettre de s'adonner à d'autres fciences ; ceux qui s'appliquoient à la philofophie & à la peinture, favoient ce Poëte par cœur ; voilà pourquoi fes ouvrages étoient la fource commune, où les Auteurs tragiques & les Artiftes puifoient leurs fujets : alors ils étoient fûrs d'être entendus des Auditeurs & des Spectateurs. Les poéfies d'Homère étroitement liées aux autres traditions de la Mythologie, furent enfuite regardées comme le dépôt des connoiffances propres à la Religion ; de-là vint qu'on les enfeigna publiquement dans les écoles, en commençant par l'union du ciel avec la terre. Tout ce fyftême de la Fable, jufqu'au retour d'Ulyffe à Ithaque, appellé *il circolo Mitico* (κύκλος μυθικὸς) (1) devint le vafte champ où l'art s'exerçoit. Je crois que les Ecrivains qui, traitoient de ce cercle, ou au moins de tout ce que comprend l'Iliade & l'Odyffée, s'appellerent *Cyclii,* du mot κύκλος pris dans ce fens : cette hypothèfe ferviroit alors à éclaircir le paffage d'Horace qui n'a pas jufqu'ici, j'imagine, été compris par les différens Commentateurs ou Interpretes.

> Nec fic incipies, vt fcriptor *Cyclius* olim :
> Fortunam Priami cantabo, & nobile bellum.

Mais revenons à mon fujet. Il eft inconteftable, comme je l'ai déja dit, qu'Homère étoit le grand Maître des anciens Artiftes ; il eft donc abfolument néceffaire d'avoir recours au même Poëte, pour entendre leurs ouvrages & pour diffiper les nuages de l'incertitude.

La maxime que j'ai propofée, & qui n'a pour but que l'explication des traits difficiles, exclut conféquemment les monumens publics élevés en l'honneur des Empereurs ; la plus grande partie de leurs médailles, & celles des autres Rois & des Villes ; parce que fi l'on en excepte quelque fymbole qu'ils expriment

---

(1) Procl. Chreftomath. ap. phot. bibl. p. 521. l. 27.

& qui peut être obscur, ils font allusion aux événemens de ces siécles, comme les monumens de marbre des Céfars qui retracent leurs actions.

Pour démontrer enfuite l'utilité de cette maxime, il est nécessaire de demeurer convaincu, qu'écartant des anciens monumens les traits de l'Histoire non fabuleufe, & fe bornant fimplement à la Fable, l'efprit de celui qui les explique fe trouve réfferré dans un cercle plus étroit ; il parcourt alors avec moins de liberté le vaste champ des images antiques, & fe fixe fur un objet plus facilement qu'un autre qui fe perd en idée dans l'Histoire des Grecs & des Romains. J'ai bien éprouvé cette vérité, lorfque cherchant à découvrir le fujet d'un fragment d'un bas relief rapporté dans cet ouvrage, au N$_o$. 127. je me rappellai d'abord l'histoire de Philippe, Médecin, accufé d'avoir voulu empoifonner Alexandre le Grand, en lui préfentant un breuvage falutaire ; ce Roi plein de confiance & lui rendant intérieurement justice, avala la potion fans balancer. Mais le perfonnage qu'on pouvoit prendre pour Alexandre est nu comme les héros & fans diadême, tandis que l'autre figure que je prenois pour le Médecin est couverte d'habits : or, la nudité convient-elle à Alexandre & la couronne au fujet ? J'eus recours alors à Homère, & je changeai de fentiment ; il me parut plus probable de fuppofer que le prétendu Médecin est Neftor, préfentant pour foulagement une coupe de vin à Macaon bleffé.

En effet, pour avoir voulu jufqu'ici parcourir la carriere trop étendue de la Mythologie & de toute l'Histoire Grecque & Romaine ; pour avoir cherché à pénétrer les fujets de tant d'ouvrages différens des anciens Artistes, il est arrivé ce qu'on devoit néceffairement attendre ; les explications tirées d'une maticre auffi abondante, ont fatigué l'efprit des Savants, de forte que toutes leurs fuppofitions fe font bornées, en nous dévoilant le fens myftérieux de tel ou tel ouvrage, à l'histoire & aux faits qui nous font le plus familiers, parce qu'ils font plus reçus. Leur exemple a été fuivi, & Homère & la Fable ont commencé à devenir pour nous des pays inconnus ; au milieu de Rome, à l'afpect des chef-d'œuvres tranfportés dans Rome, nous fommes naturellement portés à croire les Interpretes, qui fans peine nous donnent à entendre qu'on a repréfenté des traits de l'Histoire Romaine ; alors infenfiblement ils perdent la connoiffance de l'heureufe adreffe des anciens Artistes, à peindre tout autre chofe que ce qu'on imagine.

Ainfi l'enlévement des filles de Leucippus, ouvrage de Diofcoride, ce trait fi célébre dans la Fable, rapporté au n°. 62. avec toutes les barettes qui distinguent

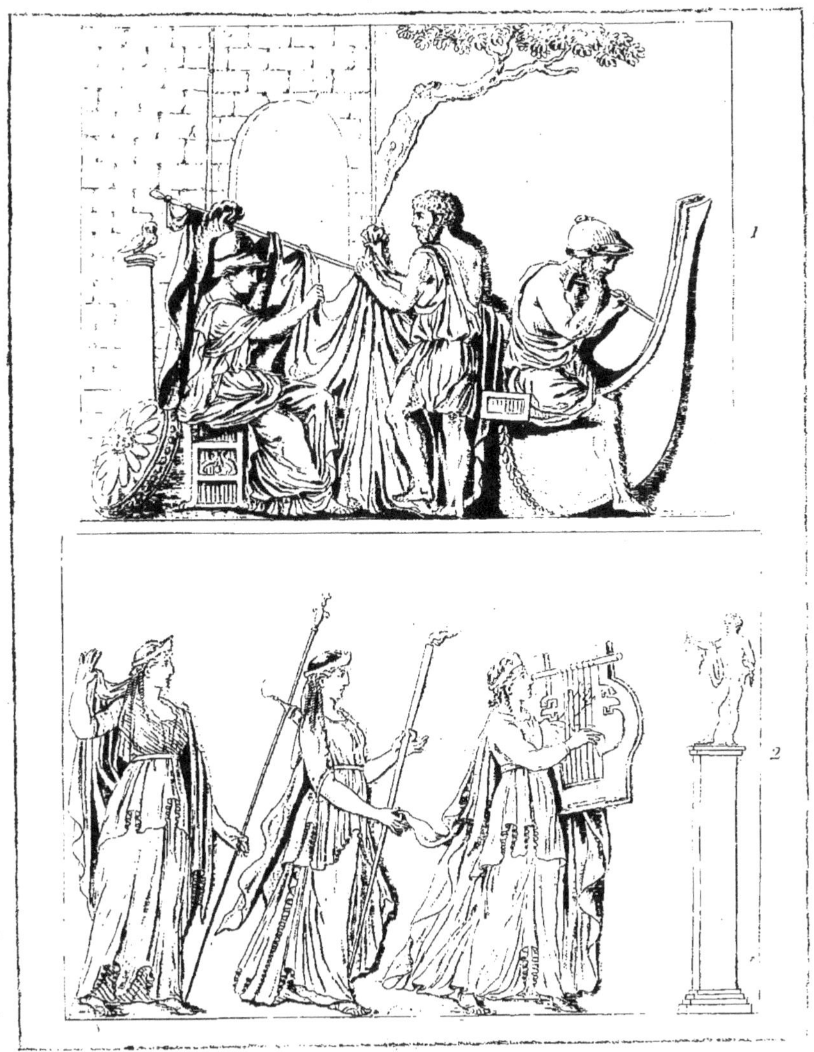

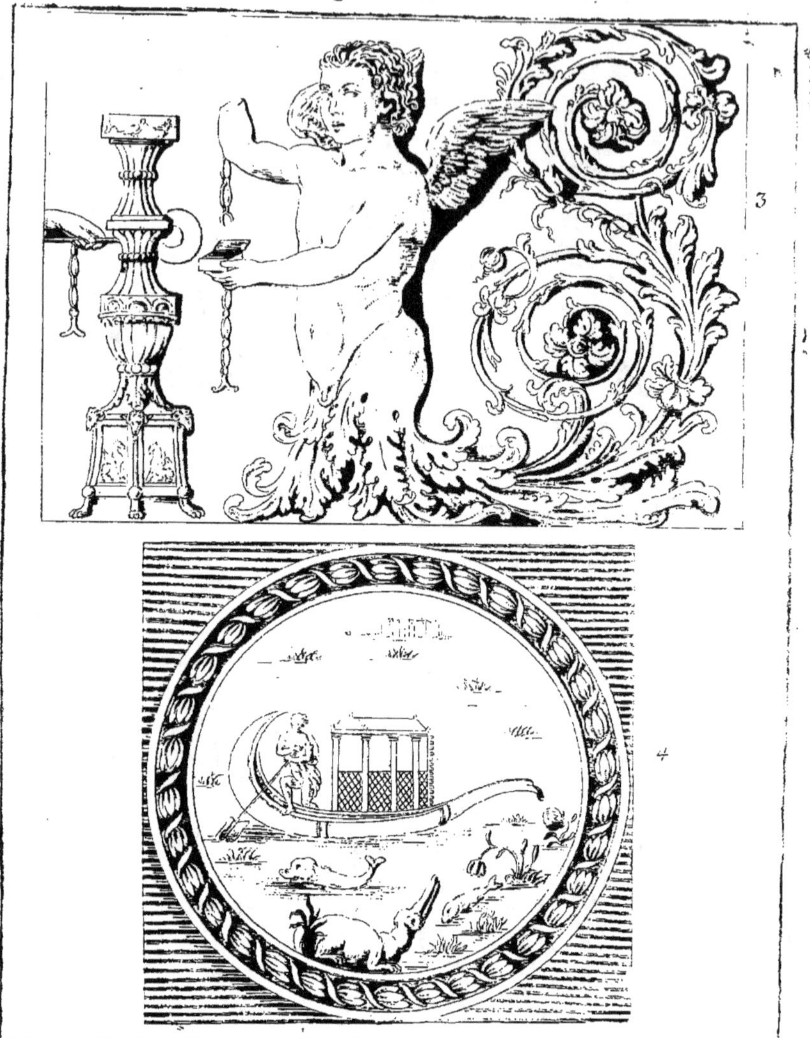

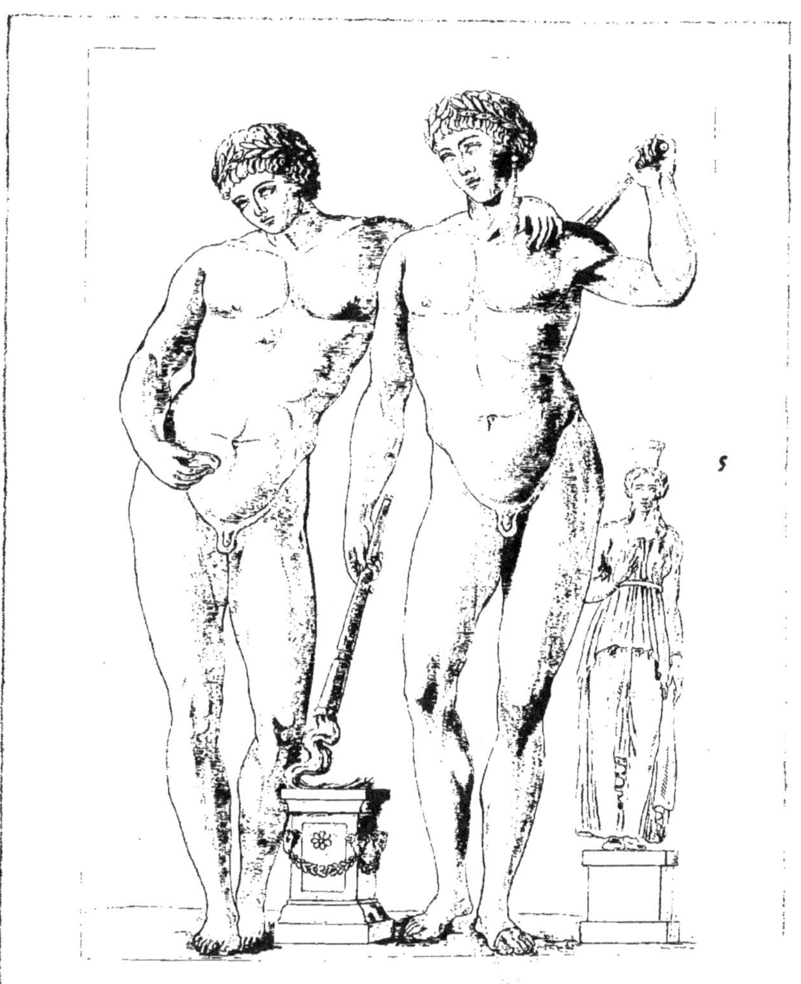

5

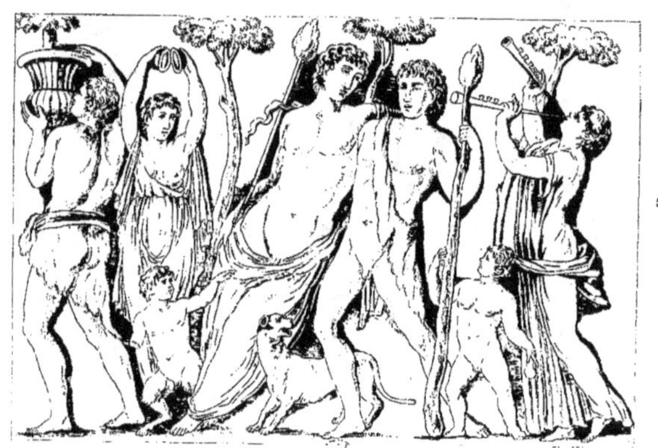

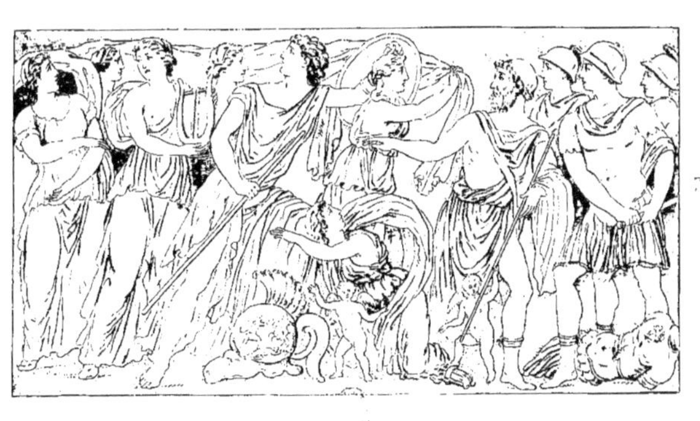

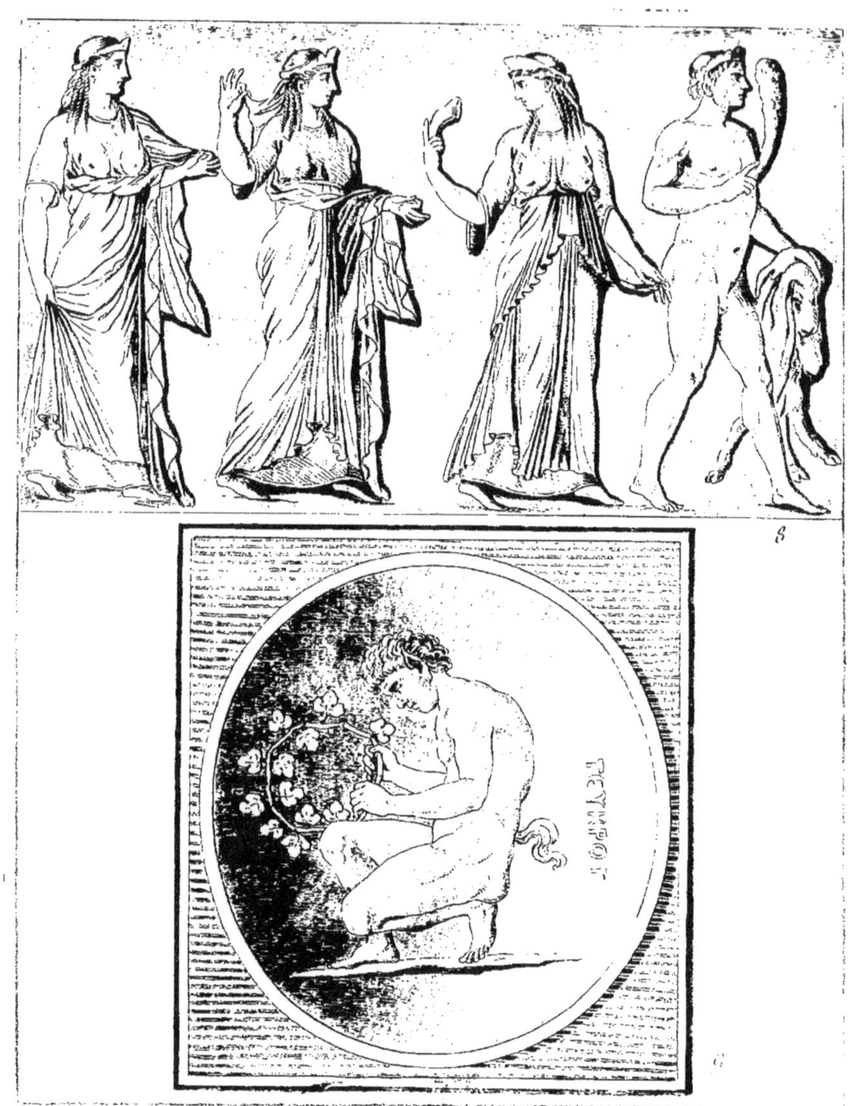